AF262521

PANÉGYRIQUE

DE
SAINT JEAN DE LA CROIX,

Prononcé le 24 Novembre 1793,

dans l'Église des

RR. PP. CARMES DÉCHAUSSÉS

de la Rue d'Héverlé à Louvain,

Par Monsieur l'Abbé CELLE, Docteur en Droit Canon et Instituteur des Fils de S. E. Monsieur le Comte de FERNAN-NUÑEZ, ci-devant Ambassadeur d'Espagne à la Cour de France.

A LOUVAIN,

DE L'IMPRIMERIE DE J. P. G. MICHEL.

PANÉGYRIQUE

D E

SAINT JEAN DE LA CROIX.

Infirma mundi elegit Deus, ut confundat fortia.

Le Seigneur a choisi les moyens les plus foibles selon le monde pour confondre les plus forts.

Ces paroles sont tirées de l'Apôtre Saint Paul dans sa première Épitre aux Corinthiens. Chap. I. v. 27.

LEs vues de la Providence font incompréhensibles à la foiblesse humaine, & les efforts de l'homme sont toujours inutiles pour empêcher l'accomplissement des décrets de la Sagesse éternelle. Les événemens que nous regardons quelquefois comme indifferens sont de grands moyens dans les vues du Très-Haut, et au lieu de vouloir pénétrer avec orgueil dans la profondeur de ses décrets, nous devons humblement les adorer et rapporter à Dieu tout ce qui arrive dans la durée des temps. Oui, Chrétiens, des hommes qui ne sont rien moins que tels vis-àvis de l'homme insensé, des hommes traités par l'impie comme des esprits foibles, comme des êtres méprisables, inutiles, nuisibles même à la société, sont ceux que le Seigneur a choisis de tout temps pour confondre l'orgueil des faux sages et pour faire servir cette confusion et cet abaissement au triomphe et à la propagation de la Religion révélée.

Noë le juste méprisé de l'incrédule auquel il annonce les vengeances d'un Dieu irrité, est préservé pour être le restaurateur du genre humain. Moïse simple Berger de Jéthro, confond l'orgueil des Sages d'Egypte, devient l'instrument dont Dieu se sert pour abbattre la vaine puissance de Pharaon et pour opérer les plus grandes merveilles. J'abuserois peut-être de votre indulgence, si je devois vous rappeller les exemples sans nombre dont sont remplis les Livres Saints qui viennent à l'appui de ce que j'avance. Je devrois vous parler d'un jeune David terrassant l'invincible Goliath ; d'une foible Judith triomphant du puissant Holopherne ; d'un Elie confondant les Prêtres de Baal ; d'un Elisée ôté à la charrue qui devient Prophéte du Seigneur , de tant d'autres Prophétes défenseurs zelés de la Loi de Moïse , du courage des Machabées Je devrois vous rappeller encore la Prédication de l'Evangile par douze hommes méprisés , dénués de tout, qui renouvellent la face de la terre et font plier les erreurs du paganisme sous le joug de la Foi. Les Chrétiens et les Peres des premiers tems de l'Eglise , les Martyrs sans nombre , les zélés Confesseurs de tous les siécles suivants , sont une preuve bien convaincante de la Providence suivie du Très - Haut pour confondre la sagesse du monde.

Mais pour m'arrêter à l'objet du culte qui nous réunit dans ce Temple , fixez un instant votre attention sur le seizieme siécle. Vous verrez la Religion de JESUS CHRIST attaquée de toutes parts, ses Dogmes sacrés outragés , les Sacremens profanés , la nécessité des bonnes œuvres pour la justification déclarée nulle , le culte des Saints aboli, leurs Images renversées, les Temples détruits , les Ordres Religieux persécutés, les Conseils Evangéliques, les vœux

solemnels de l'homme à Dieu tournés en ridicule, l'autorité des successeurs de Pierre
méconnue, les prieres pour les morts et les
sacrifices d'expiation offerts au Très-Haut re-
gardés comme inutiles; tels furent les efforts
que fit l'enfer pour rompre l'unité de l'Eglise,
pour élever Autel contre Autel et pour dé-
truire s'il eût pû, la seule véritable Religion
de l'univers; telles furent les suites des impié-
tés sacriléges de Luther et de Calvin, dont
nous déplorons aujourd'hui les funestes effets.

L'Eglise avoit besoin de secours, de bras
défenseurs pour la soutenir, de nouveaux
Apôtres pour prêcher l'Evangile, de Confesseurs pour encourager par leurs vertus, leurs
paroles et leurs exemples, la tiédeur et la foiblesse des Fidèles; et le Seigneur toujours
constant et invariable dans les promesses
faites à son Eglise, suscite dans le même temps
des serviteurs zélés, des hommes méprisables
selon le monde, pour dissiper les projets de
l'enfer et préserver l'Europe des coups mor-
tels que l'insensé vouloit porter à la Religion qui y dominoit. Oui, Chrétiens Audi-

teurs, dans le seizieme siécle l'amour embrasé d'un Philippe Néri ; le zéle ardent d'un Joseph de Calasantz pour l'éducation de la Jeunesse ; le dévouement sublime d'un Jean de Dieu au soulagement des malades et d'un Camille de Lélis pour les assister dans les derniers moments ; l'ardeur d'un Ignace de Loyola pour augmenter la gloire du Seigneur; les travaux Apostoliques d'un François Xavier pour planter l'Etendard de la Croix dans les pays les plus éloignés ; les lumieres d'un Barthelemi des Martyrs , et de tant d'autres savans selon l'esprit de JESUS CHRIST pour terrasser l'hérésie dans le Concile de Trente ; le ministere Evangélique d'un Charles Borromée pour faire revivre la discipline de l'Eglise ; d'un Felix de Cantalice, d'un Pierre d'Alcantarra pour reformer l'ordre de l'Observance ; les efforts enfin de la grande Thérèse et de son digne coopérateur Jean de la Croix pour reformer le Carmel; voilà les vertus qui contrastérent dans ce siécle avec celles des esprits corrompus, voilà les héros dignes objets de nôtre admiration, voilà ceux qui pour me servir de l'expression du Saint Siége en parlant d'Ignace de Loyola opposa la Providence du Très-Haut au torrent de l'hérésie et de l'erreur.

D'Après cet exposé, Chrétiens qui m'écoutez, vous devez vous appercevoir déjà du plan que je me propose de suivre dans les réflexions Chrétiennes que je vais présenter à votre méditation. Vous voyez sans doute que devant vous entretenir de Jean de la Croix, la gloire et l'honneur du Carmel, c'est de son humilité, de son abandon total des choses de ce monde dès sa plus tendre enfance, de son abnégation, de sa charité envers Dieu et envers son prochain, de toutes ses vertus héroïques en général que je vais vous parler ; mais en retraçant aussi à vos yeux leur contraste avec les actions et les principes des esprits forts, des sages selon le monde, je parviendrai à mieux relever l'éclat et l'héroïsme de la vie du reformateur du Carmel.

Implorons l'assistance du St. Esprit par l'intercession de la Ste Vierge la saluant avec l'Ange. **AVE MARIA.**

L'Homme dès sa naissance se doit tout à son Créateur. Au premier dévelopement de sa raison il doit reconnoître, quoiqu'en dise l'impie, que son existence et sa conservation sont l'ouvrage d'un être qu'il n'est pas encore en état d'adorer en esprit et en vérité. mais au moins au quel il doit diriger les premieres lueurs de la raison dont Dieu l'a doué. Tel est en général le devoir de toute créature humaine. Mais ceux que le Seigneur reserve plus particulièrement pour être les dépositaires de ses graces et les instrumens dont il veut se servir pour faire éclater plus visiblement sa toute-puissance, et qui doivent être des héros et des modèles dans la Religion révélée, sont ceux que l'on voit surtout consacrer au Seigneur les premiers instants de la raison.

Jean de la Croix né à Fontébro en Espagne de Parens vraiment Chrétiens, à peine parvenu à cet âge où l'on ignore ordinairement si l'on existe, fidèle imitateur des bons exemples qu'il voit dans ses Parens respectables, s'instruit avec empressement et avec docilité dans les principes de cette Religion Sainte

B

dont il devoit être un jour le défenseur et le soutien. On le voit dès son enfance prosterné devant la Majesté de Dieu, lui offrir, comme Samuel, les prémices de son esprit, lui consacrer son cœur, lui demander sans cesse la grace de l'obéissance et du respect envers les auteurs de ses jours et de ne point s'écarter en rien de leurs Saintes maximes. C'est au pied des Autels où il reçut l'abondance de ces graces aux quelles il coopéra avec persévérance tout le reste de sa vie ; c'est là qu'il se fortifie dans la dévotion la plus affectueuse à la Ste. Vierge que sa Mere lui avoit inspirée dès sa plus tendre enfance et dont il ressentit en plusieurs occasions, même à cet âge, l'effet le plus merveilleux. Hors du temple, dans la maison paternelle, la lecture des livres de piété qu'il recherchoit par-tout, étoit son seul délassement au lieu de se livrer aux amusemens même les plus innocents de l'enfance.

Très-jeune encore, ayant perdu son Pere, retiré avec sa Mére à Medina del-Campo, on le voyoit assidûment à l'hôpital assistant les malades, avec un zéle et une charité au-dessus de son âge. Malgré les austérités qu'il pratiquoit, il leur prodiguoit tous les secours possibles. Ni la foiblesse de ses forces, ni la crainte d'une contagion, rien ne l'en détournoit ; mais c'étoit sur-tout les secours spirirituels qu'il leur apportoit, il encourageoit les foibles, soutenoit les forts et inspiroit à tous les sentiments dont ils devoient être pénétrés.

De tels principes, une telle éducation en quoi ressemble-t-elle, Chrétiens auditeurs, aux maximes que l'esprit fort, le sage selon le monde inspire à ceux qu'il veut corrompre ? Ah ! Grand-Dieu ! ce n'est point à moi à en faire voir la différence. Je parle à des Chrétiens, et la persuasion intime de tous ceux qui m'entendent la leur fait mieux sentir que mes paroles. Chacun voit que l'insensé qui ose s'appeller sage, à peine voit-il naître l'homme qu'il semble vouloir disputer à Dieu le droit qu'il a sur son ouvrage ; à peine l'enfant est-il capable d'ouvrir les yeux à la lumiere ; à peine ses oreilles peuvent elles entendre, il ne voit que des œuvres d'iniquité . il n'entend que des blasphêmes contre son Créateur et son Dieu . La nature, le hasard , voilà ce que l'on proclame devant lui comme les auteurs de l'univers. S'il entend prononcer quelquefois le Saint Nom du Seigneur , ce n'est point pour lui rendre hommage , mais pour le profaner. Cet enfant victime sacrifiée d'avance à l'impiété , atteint l'âge où la raison commence à vouloir user de ses droits. Son esprit déjà préparé par les blasphêmes qu'il a retenus sans les comprendre , son cœur corrompu par les exemples dont il n'a pû sentir les conséquences , laissent bientôt entrevoir un être qui méconnoit son Dieu , qui le blasphême à son tour ; qui ne regarde ses parens que comme ceux-ci ont regardé les leurs , c'est-à-dire , avec indifférence ou même avec mépris ; qui est persuadé que l'obéissance envers eux n'est que lâcheté, le respect qu'un opprobre , et qui pour parler du moins impie , croit ne leur devoir qu'une certaine reconnoissance pour les soins qu'on a pris de lui dans son enfance. Comme il doit être lui même un jour un des Apôtres de l'irreligion , on lui met bientôt entre les

mains ces livres infâmes où il suce les principes de cette corruption à la quelle il doit
sacrifier à son tour. Enfin cet enfant déna-
turé, muni de tels principes, arrive à cet âge
où l'homme a besoin d'être fortifié par les
avis salutaires de la Religion, par les secours
de la grace du Très-Haut pour n'être pas exposé à devenir la proie des passions qui l'attaquent et qui sont les funestes effets du péché de nos premiers Peres. C'est alors que
ce jeune homme, c'est alors, dis-je, que loin
de s'occuper à leur opposer une barriere,
qu'il cherche avec avidité ces productions
infernales qui doivent achever de le corrompre. Il en dévore la lecture, il avale à grands
traits le poison le plus séduisant; il y trouve les leçons les plus infâmes de débauche;
le mépris le plus outrageant des lois divines
et humaines, la vertu tournée en ridicule et
l'apothéose du vice. Il entre enfin dans le
monde : et fidèle observateur des maximes
qu'il a sucées dès son enfance, rien ne l'arrête;
il lâche la bride à toutes ses passions, se traî-
ne dans la fange du vice, et servil esclave
de la sensualité il parvient à l'adolescence inca-

pable d'être utile à la société humaine dans quelque état qu'il embrasse. Tristes effets de son éducation, de l'exemple de ses parens et de l'abandon affreux où se trouve réduit l'homme que Dieu délaisse.

Pardonnez, Chrétiens, pardonnez à mon zèle un tableau aussi revoltant. Mais laissons là l'impie dans son iniquité, relevons nôtre courage, ranimons nôtre Foi pour examiner la conduite de Jean parvenu à l'adolescence.

Ce moment où les passions accourent en foule pour maîtriser le cœur de l'homme, ce moment où l'impie en devient l'esclave, n'effraye point le courage de Jean. Il leur déclare la guerre, et comme il se trouve préparé d'avance, fortifié par le secours de la grace, par les saintes maximes qu'il a meditées dès son enfance, il terrasse son ennemi et sort toujours victorieux des attaques qu'il soutient. Son cœur soupirant sans cesse après la perfection ne s'occupe que de demander au Seigneur la grace d'une vocation parfaite ; incapable de rien décider par lui-même, il soumet sa volonté à celle de Dieu, il tâche de rendre certaine la vocation qu'il croit que Dieu lui inspire, et alors n'ayant ni doute ni anxiété, ni remords, ni obstacles à vaincre, ni respects humains qui l'arrêtent, sa dévotion à la Sainte Vierge le fait entrer dans l'Ordre du Carmel. Là il met sa vocation à la plus rude épreuve. Jamais Novice ne montra plus de soumission, plus d'humilité, plus de ferveur, plus d'amour de la Croix. Des austérités sans nombre, des privations en tout genre, l'exacte observance des conseils Evangéliques, voilà les moyens qu'il choisit pour éprouver sa vocation, avant de se consacrer à Dieu dans un état où il pût opérer son salut et être utile à son prochain.

Heureux celui, Chrétiens auditeurs, qui éprouve ainsi sa vocation, qui consulte la volonté de Dieu avant d'embrasser l'état auquel il veut se consacrer. Mais les intérêts de famille, les respects humains, des passions déréglées, des conseils perfides, en un mot la chair et le sang ; voilà ce qui préside dans la plûpart des hommes à l'élection de leur état. Aussi les conséquences en sont-elles si funestes. On ne voit après, que des remords dans les uns, de la mauvaise conduite dans les autres, ceux-ci vomissant des imprécations et ceux-là abandonnés au désespoir. Juste punition que Dieu fait ressentir à ceux qui se décident sans consulter sa volonté sainte. Mais si nous déplorons de si terribles effets parmi les Chrétiens même, qu'arrivera-t-il parmi ces insensés qui se croyent des sages selon l'expression de Saint Paul : *dicentes se esse sapientes stulti facti sunt ?* Ce n'est rien moins chez eux que la vocation ni le choix de l'état qui les embarrasse. Trop orgueilleux pour consulter la volonté d'un Dieu qu'ils méconnoissent, guidés par des principes opposés à ceux même que la raison humaine trouve gravés dans le cœur d'un chacun ; s'ils persistent dans le célibat, ce n'est que pour n'éprouver aucune entrave dans le déréglement de leurs passions ; s'ils sacrifient leur liberté pour s'engager dans les liens du mariage, ce n'est pas même selon eux un sacrifice, parcequ'ils se croyent indépendants et libres de contracter de nouveaux liens au premier caprice. Dominés par l'égoïsme ils ne s'en-

quiétent point sur le sort de leur postérité,
ni sur celui de leur compagne, pourvû que leurs
passions soient satisfaites ; par conséquent ils
ne peuvent être que maris infidèles, peres dé-
naturés qui feront le malheur de leur temps
et celui des générations à venir.

Celui qui veut s'unir à moi, dit J. C. doit
renoncer à soi - même ; celui qui n'abandonne
point tout ce qu'il posséde ne peut pas être
mon Disciple ; celui qui veut s'unir à moi,
dit ailleurs J. C. , et qui ne hait point son
Pere, sa Mere, sa Femme, ses Enfans, ses
Freres et ses Sœurs, ne peut non plus être
mon Disciple. Ces conseils évangeliques de-
viennent pour nous des préceptes, si nous-
mêmes, nos biens et nos parens peuvent nous
être occasion de scandale. Mais ceux qui as-
pirent plus particulierement à s'unir à Jesus
Christ, sont ceux qui se distinguent dans leur
observance. Se soumettre aveuglement à la
volonté d'un autre homme sans la moindre
résistance ; renoncer entierement à ses passions et à soi - même pour n'embrasser que la
Croix et la mortification ; abandonner à ja-

C

mais ses Parens, c'est ce que promet Jean dans sa profession solemnelle. S'il se consacre à la pauvreté, c'est pour suivre à la lettre le conseil de J. C. aux Apôtres de n'avoir qu'un seul habit.; c'est pour n'avoir qu'un lit très-simple et très-grossier, pour ameublement de sa Cellule qu'une image de papier, et une Croix faite de jonc. S'il promet l'obéissance, c'est pour n'avoir de volonté propre le reste de ses jours. S'il fait vœu de chasteté, c'est pour vivre comme un Ange; s'il rénonce à lui-même, c'est pour vivre ignoré, pour mortifier ses passions, l'amour propre, la présomption, et l'orgueuil, c'est pour s'unir à Dieu continuellement dans la priere. C'est dans ces entretiens de son ame avec Dieu qu'il fait plier son esprit sous le joug de la Foi, sous ce joug respectable qui met un frein à la curiosité, qui fixe les bornes de la raison, prévient les écarts de notre esprit, qui l'assujettit à des mistères incompréhensibles pour réprimer sa présomption et le fixe invariablement sur les principes même de la Loi naturelle, que les préjugés et les passions obscurcissent souvent aux yeux de la raison.

Cette Foi vive qui l'éleve sans cesse à Dieu lui fait connoître le néant de ce monde, et dans ces effusions continuelles de son cœur que rien ne peut satisfaire ici bas, il dit avec St. Augustin : *Inquietum est cor meum donec requiescat in te.* Il soupire sans cesse après le séjour des bienheureux, mais pénétré de la grandeur de Dieu qu'il a offensé, il ne croit pas que les mortifications, les austérités, le jeûne qu'il pratique puissent suffire pour expier ses péchés. C'est alors que le Seigneur vient à son secours dans les tribulations de son esprit, qu'il lui adresse dans une vision céleste ces paroles de consolation et de paix. Je suis satisfait de ton zèle, de ta Foi, de tes œuvres d'expiation, quelle est la récompense que tu desires : *Quid vis pro laboribus?* Tu as déjà assez couru dans la carriere pour en obtenir le prix, quel est celui auquel tu aspires. *Quid vis pro laboribus ?* C'est ainsi que le Seigneur ranime son courage et récompense son zéle. Mais, ô Chrétiens Auditeurs, si Dieu disoit à chacun de nous *quid vis ?* L'homme charnel ne feroit des vœux que pour des choses purement temporelles, l'avare soupireroit après les richesses, le libertin à satisfaire son appétit infâme, l'ambitieux à réussir dans ses projets d'agrandissement, l'orgueilleux à humilier son semblable et ces vœux le Seigneur les exauce quelquefois dans sa colere pour punir nôtre peu de confiance et de résignation à sa volonté Sainte.

Jean au contraire qui a rénoncé à lui-même, aux richesses, aux dignités et à toutes ses passions adresse au Seigneur cette humble priere. Grand Dieu, je mets mon sort entre vos mains, vous savez mieux que moi ce qui me convient et ce que je dois demander pour opérer mon salut. Mais que je serois satisfait, mon Ame trésaillirait de joie si vous lui accordiez des tribulations et des souffrances. Tous mes desirs se bornent à être ignoré, méprisé de tout le monde pour l'amour de vous : *Domine pati aut contemni pro te.*

Je vous ai déjà parlé de sa Foi et de son Espérance, vous entretiendrai-je aussi de son amour envers Dieu ? Son Livre *de la vive flamme d'amour* vous en convaincra mieux que mes paroles. Vous y verrez par tout une ame remplie de l'amour le plus pur, un Chérubin sur la terre. Le feu de l'amour de Dieu brûloit tellement dans son cœur que ses paroles enflammoient tous ceux qui l'écoutoient. Quant à son amour pour le prochain, voyez tant de familles qu'il a pacifiées par ses conseils, les ames qu'il a converties à Dieu par son exemple et par ses paroles, les pauvres aux quels il a procuré tant de secours, les malades qu'il a exhortés à la patience et à la résignation, les ennemis enfin aux quels il a si généreusement pardonné. Examinez sur tout son amour envers le prochain, quand le Seigneur lui accordant l'objet de ses vœux permit qu'il fût humilié, calomnié, outragé, persécuté, exilé par ceux qui s'opposoient à la reforme. Sa seule occupation alors étoit de prier le Seigneur pour ceux qui le persécutoient ; une patience sans bornes, une résignation sans exemple aux volontés même injustes de ses Supérieurs de l'Ordre. N'est-ce pas ici, mes très-chers Freres, l'héroïsme de l'amour de Dieu, de l'amour du prochain, de l'espérance, de la confiance en Dieu, de la Foi, fondement de toutes les vertus Chrétiennes ?

D'Après le récit que vous venez d'entendre, j'apperçois déjà le Philosophe, le faux sage irrité contre moi élever sa voix et me dire : j'ai aussi moi des vertus sociales, j'adore la nature que je reconnois comme le créateur de l'univers, ma raison me tient lieu de votre Religion ; elle me suffit, je n'ai besoin d'autre guide et tout ce qui est au-dessus d'elle n'est pas de son ressort. Quel besoin ai-je de cet espoir dont vous parlez quand tout périt avec mon corps ; ignorez vous que l'humanité, la bienfaisance, la philantropie ne sont autre chose que l'amour du prochain, principe profondément gravé dans nos cœurs par la nature ? Tel est le raisonnement de l'impie. Mais, Chrétiens, ne nous laissons pas éblouir par ces grands mots qui n'en imposent qu'au vulgaire ignorant. Examinons un peu quels sont ces principes, ces vertus. Une raison qui ne croit rien, qui n'a nul appui, nul guide, qui ne reconnoît point de supérieur, qui est sa maîtresse ou l'esclave des passions qui la flattent ; une raison qui n'espere rien que le partage des brutes, et qui dirige les actions de l'homme aux objets purement temporels; voilà la Foi, la Religion, le guide et l'appui de ce sage. Comment d'ailleurs peut-il insensé, avoir un amour véritable pour son prochain, comment reconnoîtra-t-il l'homme comme son semblable, lui qui ne reconnoît pas Dieu pour son Pere? Comment aimera-t-il l'homme, lui qui ne veut pas se gêner pour son Dieu? Sa raison le rendra-t-il fidéle à la société lui qui est infidéle à Dieu? Cette raison si prônée lui montrera-t-elle ses devoirs, elle qui ne connoît pas le principe du quel seul émanent tous les devoirs? Cette philantropie dont il nous parle sans cesse, le rend-elle donc humain lui qui ne respire que la rapine, l'injustice, la violence, la désolation, le carnage et la mort? Il a quelquefois pitié, il est vrai, du malheur de son semblable, il vient à son secours; mais c'est pour s'attirer la louange des hommes, c'est un bienfait intéressé dont il attend le retour dans une pareille occasion. Comment enfin pourra l'impie se soumettre à la volonté et à l'opinion d'autrui, lui qui est gouverné par l'orgueil, la présomption et l'amour propre? Qu'il nous vante après cela ses raisons, son amour du prochain et toutes ses autres qualités qu'il ose appeller vertus sociales. Car quelle est cette vertu qui ne peut pas résister à l'adversité ? Quelle est cette grandeur d'ame qui s'irrite à la moindre injure que l'on fait à son amour propre, qui ne sait jamais pardonner et qui ne trouve de satisfaction que dans la vengeance ? Ah ! mes Freres, si l'impie étoit de bonne foi, il conviendroit que sur de tels fondemens on ne peut établir de vertus solides ; il seroit obligé d'avouer qu'il n'y a d'autres vertus qui en méritent le nom que celles que prêche la **Religion** de **J. C.**, qu'ils abhorrent, et ils appelleroient des héros ces hommes qu'ils appellent sans cesse fanatiques, ignorans et superstitieux, et ils rendroient comme nous des hommages aux vertus sublimes de Jean.

Le temps enfin s'approchoit où le Seigneur vouloit récompenser cette Ame juste éprouvée au creuset de la patience et des tribulations. Mais pour couronner sa persévérance, il la mit encore à l'epreuve au milieu des angoisses et des persécutions dans le lieu de son exil.

Dieu lui envoye une maladie. La maison qu'il habite ne lui offre aucune ressource, il n'y trouve point les remédes nécessaires à sa guérison. On lui propose de changer de domicile, on lui en laisse même le choix, et au lieu de préférer la maison qui avoit pour Supérieur un de ses anciens amis, il demande à être envoyé dans une autre qui étoit gouvernée par le plus cruel de ses persécuteurs. Malgré la douleur que lui causoient ses infirmités, il s'y rend à pied. Il sait qu'il va y être abandonné, maltraité, et malgré tout, son cœur trésaillit de joie à son approche. L'Expérience ne vérifie que trop le traitement auquel il s'attendoit. S'il reçoit quelques secours, c'est au milieu des humiliations et des reproches les plus outrageants. Si quelqu'ame plus charitable, plus sensible que les autres s'intéresse à son malheur, on lui défend bientôt de l'aborder, et il éprouve presque jusqu'au dernier moment, la satisfaction de souffrir et d'être méprisé pour l'amour de Dieu. *Domine pati et contemni pro te.*

L'Amour du prochain qu'il avoit pratiqué

constamment toute sa vie se manifesta sur
tout en cette occasion. Les prieres qu'il adres-
soit au Seigneur sans cesse pour ceux qui le
persécutoient, fûrent exaucées. Le Seigneur
change tout à coup le cœur de ses ennemis,
ils reconnoîssent leur injustice. Ils demandent
pardon à Jean des mauvais traitemens qu'ils
lui ont fait endurer. Ils regrettent tous de
n'avoir sû apprécier ses vertus, d'avoir mécon-
nu sa sainteté, chacun s'empresse de lui apporter des secours. Ils admirent sa patience
et sa résignation, ils voudroient pouvoir pro-
longer ses jours aux dépens de leur vie. Mais
l'heure du sacrifice s'approchoit. Dieu vouloit déjà couronner la victime, et nous assu-
rer un modéle de vertu sur la terre et un
protecteur dans le Ciel. La maladie s'aggra-
ve, sa résignation ne fait qu'accroître. Il soupire après l'heureux moment qui doit déli-
ver son ame des chaînes de ce corps pour
la réunir à J. C. *Cupio dissolvi et esse cum
Christo.* Si la justice d'un Dieu l'effraye
il confie en sa Miséricorde. Il embrasse
l'Image de J. C. crucifié, et offre au Seigneur
toutes ses souffrances. J'ai, dit-il, à son Dieu,

crû fermement vôtre Sainte Parole, je n'ai aucun doute effrayant sur ma croyance. J'espere avec ardeur que vous aurez égard à mes foiblesses, que vous récompenserez vos graces si j'ai quelque mérite envers vous, et je suis intimément persuadé que ce n'est pas en vain que j'ai mis en vous ma confiance : *Scio cui credidi.* Il me semble déjà contempler vôtre gloire céleste, et que tout ce qui est en elle entoure votre Thrône, et chante vos louanges, j'espere mériter bientôt d'être du nombre : *Scio cui credidi.* Ses forces s'abbaissent, son esprit s'affoiblit, et il veut fortifier son cœur en le purifiant de plus en plus dans les eaux salutaires de la Pénitence. Il se prépare au Viatique, se rassasie du pain des Anges, et reçoit avec la plus grande ferveur le Sacrement des mourans. Il est sur le point d'expirer, mais il recueille toutes ses forces pour répéter une autre fois les actes des vertus Théologales. Il récite avec ses Freres le Pseaume de la Pénitence, se fait lire une partie du livre du Cantique des Cantiques. Sa lecture lui fait ressentir les plus vifs transports de joie. Son ame est encore sur la terre et il paroît qu'il adore déjà Dieu dans le Ciel. Enfin pressant le Crucifix sur son cœur, gloire soit à Dieu, dit-il, puis s'addressant au Pere des lumieres, au Souverain maître de la vie et de la mort, voilà, Seigneur, s'écrie-t-il, voilà le dépôt que vous m'avez confié : *In manus tuas Domine commendo Spiritum meum.* Je remets Seigneur mon ame entre vos mains, et Jean expire tranquillement avec cette douceur, cette paix, cette joie qui accompagnent toujours la mort du juste.

Devrai-je aprésent, Chrétiens qui m'écoutez, oserai-je diminuer l'admiration dont je vous vois pénétrés pour la mort de l'illustre réformateur du Carmel, en vous retraçant par contraste la mort de l'impie, du faux Sage, du Philosophe de nos jours qui ose trouver dans une pareille mort de la pusillanimité et de la foiblesse ? Je ne croirois pas avoir rempli le but que je me suis proposé, si je ne vous faisois voir l'état affreux et désespérant de l'incrédule à la mort. Je réclame donc encore votre indulgence.

L'Impie, homme comme le juste, mortel

malgré son orgueuil comme lui, est sujet aux mêmes infirmités qui attaquent à la fois et l'esprit et le corps. Considérez le, Chrétiens, malade dans son lit. Vous y verrez un homme impatient, colére, emporté dans ses souffrances. Vous verrez cet esprit fort sans le moindre courage pour supporter ses maux, devenir plus lâche à mesure que son mal augmente. Lui qui toute sa vie a considéré la mort comme un paisible sommeil, vous le verrez s'abattre au moindre simptôme de son approche, accuser d'ineptie les Médecins qui le traitent, s'irriter par des blasfêmes contre la Majesté de Dieu qu'il paroît vouloir soumettre à sa volonté. Tantôt bravant l'éternité, tantôt laissant entrevoir des doutes sur son existence, et sur celle de l'éternel lui même. Son esprit agité ne peut se fixer sur rien. Tantôt il se représente que ces peines affectées à l'impie pourroient bien être vraies. Tantôt il tâche de dissiper ces doutes en disant que ce seroit offenser la Majesté d'un Dieu grand, s'il existe, que de croire qu'il a créé l'homme pour le punir éternellement. Il invoque alors cette nature bienfaisante, ce créateur selon lui du genre humain, mais hélas ! Elle ne peut le délivrer de ses souffrances. Au milieu de ces doutes, de ces angoisses, de ces tribulations d'esprit, s'il paroît se calmer un instant, soit que ses forces s'abattent, soit que sa raison paroîsse vouloir s'éclaircir, vous voyez quelquefois le zéle Apostolique d'un Ministre de l'Evangile profiter de ces momens, lui apporter des paroles de paix, s'efforcer à l'encourager, à dissiper ses doutes, à convaincre sa raison par la raison elle - même, tâchant de lui arracher au moins un simple acte de foi, mais c'est en vain. Les satellites du démon qui l'entourent, lui reprochent bientôt sa foiblesse, lui présentent des exemples de la mort des Coriphées de l'ancien et du nouveau temps, lui font la lecture de ces ouvrages productions de l'erreur et de l'iniquité ; alors tout espoir est perdu pour le Ministre du Seigneur. Il est obligé de se retirer abandonnant ce malheureux à lui - même, à ses complices dans le crime, au remord, au désespoir, et à la rage. Dans ces dispositions expire cet esprit fort qui a vécu comme la brute insensée, esclave fidèle des principes de cette sagesse terrestre , animale et diabolique selon l'expression de l'Apôtre St. Jacques : *Sapientia terrena, animalis, diabolica.* O terrible jugement de Dieu ! Jean méprisé, ignorant selon le monde, esprit foible selon le Sage , est éternellement heureux, et l'orgueilleux , l'esprit fort, l'impie est condamné à une éternité malheureuse , et voit sa force , et sa grandeur confondues par l'humiliation et la foiblesse. *Infirma mundi elegit Deus ut confundat fortia.*

Grand Dieu , providence éternelle , nous adorons humblement les decrets de vôtre sagesse. Nous voyons avec admiration ces esprits forts , ces philosophes insensés confondus par la foiblesse même. Vous avez couronné dans le Ciel le mérite de Jean méprisé sur la terre. Ses vertus sublimes doivent bien nous encourager. Mais hélas ! Seigneur, que notre vie est bien différente de celle que vous nous offrez pour modèle. Nôtre peu de Foi, nôtre peu de résignation aux décrets de vôtre providence , nôtre attachement aux biens caduques et périssables, contrastent infiniment avec la confiance et toutes les vertus du

Réformateur du Carmel. Mais ayez pitié de nous , Seigneur. Voyez combien nous sommes foibles : nous ne sommes rien sans vous, et plus nous trouvons d'obstacles pour opérer nôtre salut, plus nous avons besoin des secours de vos graces. Nous avons le bonheur, il est vrai , d'être membres de vôtre Eglise Sainte ; mais nous sommes d'autant plus obligés d'en être le soutien. De tout temps vous avez été fidèle aux promesses faites à cette Eglise. Le seizieme siecle sur tout en a ressenti le plus parfait accomplissement. Les Chrétiens d'alors, voyoient l'Eglise persécutée, l'hérésie faire des progrès, la persécution des ravages, le fidéle foible prêt à succomber à l'erreur, et tout à coup vous accourez pour sauver la barque au milieu de l'orage, vous commandez à la mer et aux vents, et ils vous obéissent. Vous suscitez ces serviteurs fidéles dépositaires de vos graces, et le foible est encouragé, l'hérésie terrassée et les portes de l'enfer ne peuvent prévaloir contre vôtre Eglise. L'orage, il est vrai, étoit très - violent. Les dogmes les plus sacrés étoient méconnus, mais l'impie vous reconnoîssoit encore comme son Dieu ; Luther comme son Sauveur et tous comme le Créateur de l'univers. Mais dans ce siècle malheureux où nous sommes, Pere de Miséricorde, Divin fondateur de l'Eglise Sainte, Esprit consolateur des affligés, nous voyons entre nos mains le dépôt sacré de vos dogmes, vôtre parole révélée, la tradition de nos Peres prête à nous être enlevée, et nous sommes chargés de la remettre intacte à la postérité ? Jugez, Seigneur, jugez de l'affliction où nous sommes. Voyez la persécution qui s'est élevée contre ceux qui vous adorent. Voyez réunis tous les satellites de l'enfer pour nous terrasser et pour nous arracher, s'ils le peuvent, du fond de nôtre cœur même, le don sacré de la Foi. Voyez cette foule d'impies, de Déistes, de Philosophes, d'Athées lever tout à coup le masque, attaquer de front vôtre éternelle existence. Oui, Seigneur, ils ont dit hautement, il n'y a pas de Dieu : *dixit insipiens, non est Deus.* Voyez avec quelle hardiesse, ils nient vos attributs Divins, comme ils méconnoîssent vôtre pouvoir suprême qui leur a donné l'existence, vôtre justice, qui peut les punir, vô-

tre miséricorde, qui peut encore leur pardonner. Voyez comme'ils insultent à vôtre Providence. Vôtre parole révélée est tournée en
ridicule, présentée comme une fable in-
ventée par la superstition et l'ignorance.
Voyez les Sacremens profanés, le Saint des
Saints foulé aux pieds, les Images de la Reine
des Cieux et des adorateurs du Trône rén-
versées, Bélial placé sur l'Autel élevé à vôtre
gloire, ces Temples qui ont si long-tems reten-
tis de vos louanges, dédiés à la raison humaine.
J'en frémis d'horreur, Grand Dieu ! Dédiés
à cette raison corrompue par le péché de
nos premiers Peres. Voyez ces Ministres même jadis dispensateurs de vos Saints mystéres,
abjurer hautement leur croyance, les hommages qu'ils vous ont rendus, pour devenir Grands
Prêtres et sacrificateurs du culte du Démon.
Voyez, enfin, Seigneur, voyez l'abomination
de la désolation dans le lieu Saint. Et au milieu
de cet orage, le plus violent qui ait jamais existé
dans la mer des persécutions, quand l'impie
prétend même effacer vôtre St. Nom de toute
la terre, vous semblez dormir tranquillement
et paroîssez vouloir nous laisser périr dans la

plus affreuse tempête ? Levez vous donc, Seigneur, vengez vôtre cause, sauvez nous, ou nous périssons. *Exurge Domine judica causam tuam, salva nos, perimus.* Dans d'autres temps moins malheureux vous avez sauvé l'Eglise et le moment arrivé de sa plus grande affliction vous l'abandonneriez ? Sommes-nous donc bien plus coupables que les fidéles du temps de Luther pour mériter ainsi vôtre courroux ? Vous leur envoyâtes des Confesseurs zélés pour encourager leur foiblesse, et Sion dans ce temps ne trouvera d'amis qui la consolent ? *Non est qui consoletur eam ex omnibus charis ejus ?* Mais pardonnez, Seigneur, à mon peu de Foi, à ma foible confiance. Vous êtes toujours Grand, toujours le même, toujours juste et Miséricordieux, toujours la Providence infinie. Vous nous avez, Seigneur, nous vous en bénissons à jamais, vous nous avez secouru selon nos besoins. Nous avons eû des Confesseurs zélés ; car que sont-ils donc, si ce ne sont des Confesseurs ces illustres successeurs des Apôtres, ces Evêques dépouillés de tout, ces Pasteurs respectables, persécutés, bannis, chassés, arrachés à leur troupeau, cherchant un asyle dans une terre étrangere plutôt que d'abjurer la Foi et de rompre les liens sacrés de l'Hiérarchie ? Ne sont-elles pas aussi des Confesseurs, ces Vierges saintes modé-les de la constance et de la fermeté Chrétien-ne, chassées ignominieusement de leur retraite chargées d'opprobres et d'outrages les plus révoltans, pour n'avoir jamais voulu man-quer aux vœux les plus solemnels ? Vous nous avez, Seigneur, je le répéte, vous nous avez secouru d'après nos besoins. Oui, Seigneur, du sang des Martyrs sortit triomphante l'Eglise dans les premiers siécles, et dans celui-ci vous nous en présentez encore pour nous affermir dans la Foi. Recevez donc Seigneur en sacrifice d'Holocauste ces flots de sang qui ont coulé et qui coulent encore si généreu-sement pour vôtre gloire et nôtre exemple. Ces tourmens qu'ont souffert ces illustres vic-times par le feu, par le fer, par le genre de mort le plus ignominieux, n'appaiseront-ils pas vôtre colere ? Ces sacrifices d'expiation n'exciteront-ils pas vôtre miséricorde ? Nous avons déjà tant de moyens pour nous encou-rager, cessez donc sans nous retirer vos graces, d'éprouver nôtre constance, mais s'il le faut, Seigneur, nous sommes prêts à verser nôtre sang pour défendre vôtre Religion Sainte, si l'impiété en veut le sacrifice. Nous espérons malgré tout, qne vous terrasserez l'idole, que vous confondrez l'impiété, mais de grace, Seigneur, pardonnez à l'impie. Convertissez son cœur, faites de nouveaux Pauls de nos persécuteurs, qu'ils travaillent avec nous à rélever l'Etandard de la Croix abattu presque partout dans ce pays depuis si long-temps Très-Chrétien, jadis berceau de tant de Saints et aprésent l'asyle de l'iniquité la plus rafinée. Pardonnez Seigneur, pardonnez encore une fois, à ces instrumens dont s'est servi vôtre bras vengeur dans sa colere, pour nous châtier. Faites disparoître ces différentes croyances qui déchirent vôtre Eglise, réunissez tant de troupeaux égarés dans un seul bercail; dessillez les yeux à tant de malheureux égarés et séduits pour que nous ne formions tous qu'un dans l'esprit de charité; soutenez nôtre espérance, animez nôtre Foi, et accordez-nous enfin, Grand Dieu, la grace d'être fidéle aux maximes de cette Religion immuable et Sainte dans ses dogmes , Sainte dans son Chef, Sainte dans ses Sacremens , Sainte dans ses graces , et Sainte dans ses élus aux quels nous desirons être réunis à jamais. Au Nom du Pere , et du Fils , et du Saint-Esprit. Ainsi soit-il.

9 782013 263337